Matthias Jäger

Traumreisen zum göttlichen Licht Christus

AF153333

Matthias Jäger

Traumreisen zum göttlichen Licht Christus

Innere Reisen zu sich selbst, um wahren Frieden zu finden

Fromm Verlag

Imprint

Any brand names and product names mentioned in this book are subject to trademark, brand or patent protection and are trademarks or registered trademarks of their respective holders. The use of brand names, product names, common names, trade names, product descriptions etc. even without a particular marking in this work is in no way to be construed to mean that such names may be regarded as unrestricted in respect of trademark and brand protection legislation and could thus be used by anyone.

Cover image: www.ingimage.com

Publisher:
Fromm Verlag
is a trademark of
Dodo Books Indian Ocean Ltd. and OmniScriptum S.R.L publishing group

120 High Road, East Finchley, London, N2 9ED, United Kingdom
Str. Armeneasca 28/1, office 1, Chisinau MD-2012, Republic of Moldova, Europe
Managing Directors: Ieva Konstantinova, Victoria Ursu
info@omniscriptum.com

Printed at: see last page
ISBN: 978-620-8-86534-4

Einführung

Lieber Leser, ich habe dieses Traumreisen für Sie geschrieben. Diese wende ich seit Jahren selber an. Meine Klienten freuen sich seit Jahren darüber. Sie sollen der Entspannung und der Heilung der Seele dienen. Körper, Seele und der Geist sind immer verbunden. Sie benötigen keine Vorkenntnisse, um die Meditationen anzuwenden. Sie sollen für eine ruhige und entspannende Situation sorgen, damit Sie nicht während der Traumreise gestört werden. In der Stille können viele Erlebnisse verarbeitet werden, um diese einfach an das göttliche Licht Christus abzugeben. Seien Sie bitte nicht entmutigt, wenn Ihnen viele Gedanken und Bilder durch Ihren Kopf gehen. Das ist ganz normal, wenn Sie diese haben. Sie werden immer mehr in der Lage sein, diese Gedanken wie kleine Schäfchenwolken an sich vorbeiziehen zu lassen. Dazu gehört etwas Ausdauer. Der drei einige Gott Christus als Vater, Sohn und Heiliger Geist Christus wird Sie sicher führen sowie begleiten, damit Ihre Seele heilen kann. Sie können diese wunderschönen Traumreisen vom ersten Moment genießen. Die Meditationen können Sie im Liegen oder im Sitzen durchgeführt werden. Im Liegen könnte es sein, das Sie dabei einschlafen. Es wird nur ein Kissen sowie eine Decke benötigt. Sie müssen natürlich eine Person haben, die Ihnen die Traumreise mit schöner und entspannender Musik vorliest. Mit der Einleitung können Sie vor jeder Traumreise beginnen. Danach dürfen Sie selbstverständlich immer eine andere Reise ausprobieren. Bitte nehmen Sie immer die gleiche Entspannungsmusik dazu. Ihr Unterbewusstsein wird sich an diese Musik gewöhnen und bei der nächsten Meditation werden Sie leichter in die Entspannung hineinkommen. Konzentrieren Sie sich auf Ihren Atem. Alle Atem-Bewegungen machen Sie Langsam in Ihrem natürlichen Tempo. Wenn Sie am Anfang unsicher sind, dann können Sie sich an mich wenden, denn ich arbeite seit Jahren als Priester der Liebe und Heiler der Herzen mit meinen Traumreisen wenn ich meinen Klienten dadurch Heilung liebevoll gebe. Ich bin

Lehrer für Meditation, Gehmeditation, Herzensgebet und christliche Alchemie. Diese Traumreisen sind sehr leicht vorzulesen, und nun viel Spaß damit. Mir hat es sehr viel Freude bereitet, diese liebevollen Traumreisen für ein Buch zusammen zustellen. <> Bei diesen Zeichen machen Sie bitte beim Vorlesen eine Pause von ca. zehn Sekunden.

In Liebe Matthias Jäger

Inhaltsverzeichnis

Einleitung der Traumreise

Dauer 10 min.

Ich achte auf dem Atem. <> Wie er kommt und geht. <> Langsam und ruhig durch die Nase ein- und wieder ausatmen. <> Atme Entspannung ein und Verspannung wieder aus. <> Noch einmal tief Entspannung ein- und wieder ausatmen. <> So ist es gut. <> Mit jedem Atemzug entspannst du dich immer mehr. <> Denke jetzt an dein rechtes Bein. <> Dein rechtes Bein wird immer schwerer und alle Verspannungen fließen durch den Fußboden in die Muttererde hinein. <> Und beim Ausatmen fühlst du, wie die Verspannung den Fuß langsam verlässt. <> Jetzt spürst du das Bein richtig. <> Es ist total entspannt und leer. <> Die Muskeln in der Wade, im Knie, im Oberschenkel sind total entspannt und schwer. <> Du merkst richtig wie dein Bein immer schwerer und schwerer wird. <> Der Fuß fühlt sich total warm und entspannt an. <> Jetzt gehen die Gedanken hinüber zum linken Bein. <> Auch dort lässt du alle Verspannungen durch den Fußboden in die Erde fließen und beim Ausatmen fühlst du, wie das linke Bein langsam entspannt. <> Die Wadenmuskeln hängen ganz müde und entspannt hinunter. <> Die Spannung verlässt das Knie und im Oberschenkel merkst du, wie sich die Muskeln leer und entspannt anfühlen. <> Beide Beine sind total warm und schwer. <> Also lasse sie schlaff und entspannt auf der Matte liegen. <> Jetzt wende deine Aufmerksamkeit auf deinen Po. <> Spanne alle Muskeln im Po ein bisschen an und lasse wieder los. <> Je mehr du an deinen Po denkst, umso mehr entspannt er sich. <> Alle Verspannungen verlassen die Muskeln in der Taille und du merkst, wie sie sich auch dort richtig entspannen und schwer werden. <> Das Becken, der Bauch, alles entspannt sich. <> Alle Muskeln haben die Erlaubnis sich hängen zu lassen und sich total zu entspannen. <> Langsam gehst du den Rücken hinauf. <> Alle Muskeln um die Wirbelsäule entlang erschlaffen und entspannen sich. <> Alle Verspannungen verlassen deine Wirbelsäule. <> Erlaube jetzt alle Muskeln im Rücken und im

Schulterbereich zu ruhen. <> Du liegst schwer auf deiner Matte und fühlst dich wohl. <> Alles fühlt sich warm und entspannt an. <> Nun wende deine Aufmerksamkeit dem Nackenbereich zu. <> Und alle Muskeln, die in den Kopf hineingehen, werden schwer. <> Sie sind so froh sich ausruhen zu dürfen, denn sie tragen deinen Kopf tagein und tagaus. <> Langsam gehe zu deinem Hals hinüber. <> Und er wird müde und entspannt sich vollkommen. <> Alle Muskeln in der Brust entspannen sich langsam und deine Lunge kann sich ausweiten. <> Bitte denke jetzt an dein rechten Arm. <> Alle Verspannungen verlassen den rechten Arm. <> Nun spürst du, wie er sich entspannt und sich warm anfühlt. <> Nun sind alle Muskeln in deinem Arm entspannt. <> Nun gehen deine Gedanken rüber zum linken Arm. <> Auch dort verlassen alle Verspannungen deinen Arm. <> Und wieder fühlst du, wie er sich entspannt. <> Jeder Muskel in deinem Arm ist entspannt und warm. <> Alle Gedanken die nichts mit dieser Übung zu tun haben, verschwinden aus deinem Kopf. <> Du hast später Zeit daran zu denken. <> Bitte denke jetzt an deinen Kopf. <> Der Kopf ist der wichtigste Teil unseres Körpers. <> Er hat Millionen kleiner Muskeln, die jetzt nicht gebraucht werden. <> Alle Muskeln des Kopfes sind schwer und entspannt. <> Er liegt schwer auf deiner Matte. <> Jetzt gehe gedanklich zu deiner Stirn. <> Alle Muskeln auf deiner Stirn sind schlaff und müde. <> Sie fängt an zu kribbeln. <> Alle Muskeln im Gesicht sind schlaff und entspannt. <> Der Mund öffnet sich ein wenig. <> Die Augen liegen tief in der Augenhöhlen tief und entspannt. <> Alle Muskeln ruhen friedlich. <> So ist es gut. <> Dein Körper ist voll und ganz entspannt. <> Du fühlst dich wohl und warm. <> Und ohne dein Zutun verlassen alle störenden Gedanken deinen Kopf. <> Du löst dich von allen Tagesgedanken und von Erwartungen. <> Deine Gedankentätigkeit kommt vollständig zur Ruhe. <> Die Gedanken fließen aus deinen Kopf heraus auf die Matte, durch den Fußboden und tief in die Muttererde hinein. <> Dein Kopf ist leer und dein Bewusstsein ist völlig klar. <> Ein wohltunendes Gefühl der Gelassenheit und inneren Friedens erfüllt dein ganzes Sein. <> Alle Müdigkeit die du gerade gespürt hast, ist wie weg geblasen. <> In deinen Inneren entsteht Ruhe und Gelassenheit. <> Erst jetzt spürst du die Matte auf der du liegst. Du bist ganz schwer und lässt dich von der Muttererde tragen. <> Es ist schön sich einmal so gehenzulassen und dem Körper Ruhe zu schenken. <> Es ist einfach schön dazuliegen. <> Atme noch einmal tief durch. <> Dein Körper fühlt sich entspannt und angenehm warm an. <> Dein Herz und der Puls schlagen deutlich langsamer. <> Nun hast du dein Zentrum erreicht und bist in deinem Ruhepol angekommen. <>

Traumreise 1

Traumreise für Kinder

Dauer 10 min.

Die kleine Kerze Plum

Es war einmal eine kleine, unscheinbare Kerze mit dem Namen Plum. <> Ihr roter Mantel sah nicht mehr schön aus und er hatte ein paar verbeulte Stellen. <> Wie jedes Jahr stand sie zu Weihnachten ganz hinten im Regal. <> Davor standen neue große Kerzen. <> Sie sagten zu ihr: „Dich kauft dich sowieso keiner mehr. Wer will dich schon haben?" <> Das machte die kleine Kerze sehr traurig, denn sie wollte so gerne für Jesus Christus zu Weihnachten leuchten. <> Sie weinte bitterlich, denn es war ihr größter Wunsch, für das Christkind zu leuchten. <> Auch wenn ihr Wachskörper dabei immer kleiner würde und schließlich die Flamme für immer verlischt. <> Die großen neuen Kerzen wurden alle im Kaufmannsladen verkauft und wie jedes Jahr stand sie als letzte im Regal. <> Der Inhaber wollte sie aber nicht in den Müll schmeißen, weil er hoffte, dass sie auch eines Tages verkauft wird. <> Die Tage vergingen und Weihnachten kam immer näher. <> Es war schon der 24. Dezember und der Ladeninhaber wollte gerade den Laden schließen. <> Die kleine Kerze Plum hatte bis zum Schluss gehofft, dass sie noch einer haben möchte. <> Sie wurde sehr traurig und weinte sehr bitterlich. <> Auf einmal kam ein kleiner Junge mit dem Namen Jesus vorbei. <> Der blieb vor der Kerzen stehen und nahm die kleine Kerze Plum in die Hand. <> Plum dachte: „Kauf mich. Ich habe so lange auf diesen Moment gewartet." <> Jesus ging zur Ladentheke und bezahlte die kleine Kerze Plum. <> Sie war außer sich vor Freude. <> Nun endlich ging ihr Wunsch in Erfüllung. <> Jesus nahm sie nach Hause und machte sie erst einmal sauber. <> Danach stellte er sie auf einen Teller mit Tannenzweigen, Nüssen und Mandarinen. <> Nun holte er ein Streichholz, damit er die kleine Kerze anzünden konnte. <> Nun war es soweit. <> Jesus zündete den Docht der Kerze Plum an. <> Sie leuchtete so hell wie eine Himmelsstern. <> Es war ihr egal, wie lange sie brannte. <> Sie leuchtete voller Freude. <> Auf einmal sagte Jesus zu ihr: „ Liebe kleine Kerze Plum. Du brauchst keine Angst zu haben. Solange du an mich glaubst und mich lieb hast, wird dein Licht niemals verlöschen. Ich will dein Licht für die Menschen ans Fenster stellen, damit sie den Weg zurück zu unserem Vater Gott Christus wiederfinden. <> Und nun brennt sie noch heute für alle Menschen.

Traumreise 2

Dauer ca. 10 – 15 min

Die Reise zu dem inneren Kind Jesus

Vor deinen Augen siehst du ein großes Tor mit goldenen Rahmen. <> Bitte öffne dieses Tor langsam und behutsam. <> Trete ein, nachdem das Tor geöffnet ist. <> Du findest dich im Gedanken auf einer Wiese mit wunderschönen Blumen wieder. <> Sie blühen in allen Farben des Regenbogens. <> Es weht ein warmer Sommerwind und die Vögel zwitschern dir ein bezauberndes Lied. <> Du siehst auf einmal einen weißen Esel auf dich zukommen. <> Er kommt immer näher, bis er vor dir steht. <> Setze dich jetzt auf seinen Rücken. <> Er wird dich zu einem alten Stall bringen. <> Auf dich wartet dort jemand, <> Wer es ist, das sage ich dir jetzt nicht. <> Das soll eine Überraschung sein. <> Nun trabt der Esel einen langen schmalen Weg entlang. <> Die Blumenwiese geht in eine Steppenlandschaft über. <> Dort grasen viele Tiere und suchen nach Futter. <> Du spürst einen tiefen Frieden und fühlst dich wohl. <> Der warme Sommerwind streicht zärtlich über deine Haut. <> Die Affen spielen mit ihren Kindern in den Bäumen. <> Es wird bald Abend. <> In der Ferne siehst du einen alten Stall am Horizont. <> Wer da wohl sein mag? <> Der Esel hält vor dem Stall an und du steigst vom Esel ab. <> Langsam und vorsichtig gehst du hinein. <> Dort liegt ein kleines Kind in einer Krippe. <> Es riecht nach Heu und Stroh. <> Du gehst langsam zu dem Kind und schaust es an. <> Du nimmst das Kind vorsichtig aus der Krippe auf deinen Arm. <> Das Kind schaut dich mit seinen kindlichen Augen an. <> In dir entsteht ein wohliges Gefühl von Frieden und Harmonie. <> Alle Sorgen scheinen durch den Anblick dieses Kindes zu verblassen. <> Dein ganzer Körper wird durchströmt von Wärme und Liebe. <> Spürst du wie es in dir angenehm kribbelt? <> Möchtest du vielleicht in die Luft springen voller Freude und Liebe? <> Genieße diesen einzigartigen Augenblick. <> Überglücklich legst du das Kind wieder in die Krippe zurück. <> Erst jetzt siehst du die Tiere im Stall. <> Auch sie scheinen voller Liebe zu dir zu leuchten. <> Fühlst du dich jetzt wie dieses Kind in der Krippe neu geboren? <> Bedanke dich jetzt bei diesem Kind in der Krippe und gehe langsam aus dem Stall heraus. <> Über dem Stall leuchtet ein großer Stern. <> Mit dem Esel trittst du wieder die Heimreise an. <> Durch deinen inneren Frieden nimmst du die Natur um dich herum ganz anders wahr. <> Alle Tiere scheinen dir jetzt viel freundlicher gesinnt zu sein. <> Nun bist du wieder an deinem Ausgangspunkt angelangt. <> Du steigst vom weißen Esel herab und bedankst dich bei ihm. <> Ihr verabschiedet euch und der Esel geht wieder zurück zum Kind. <> Dieses Kind ist in dir! <> Es kann jederzeit in deinem Herzen geboren werden, wenn du es auch möchtest. <> Du musst nur Jesus Christus von ganzem Herzen lieben und vertrauen. <> Überglücklich über dieses wunderschönes Erlebnis schaust du dem Esel noch nach. <> Nun gehe hinaus und schließe das Tor wieder sorgfältig. <> Diese Landschaft ist in dir. <> Das ist der Garten deines Herzens. <> Dort kannst du immer in der Stille zurückkehren. <> Es liegt an dir, dieses Tor für alle Zeit zu öffnen, damit die Liebe Gottes Christus alles heilen kann, was dich bedrückt.

Traumreise 3

Dauer ca. 10 – 15 min

Der Rosengarten des Herzens

Vor deinen Augen siehst du ein großes Tor mit goldenen Rahmen. <> Bitte öffne dieses Tor langsam und behutsam. <> Trete ein, nachdem das Tor geöffnet ist. <> Du findest dich im Gedanken in einem wunderschönen Rosengarten wieder. <> Es blühen die Rosen in den herrlichsten Farben und Formen. <> Rote <> Gelbe <> Orange <> Grüne <> Blaue <> Violette <> und weiße Rosen erstrahlen in der lieblichen Sonne um die Wette. <> Ein süßlicher Duft erfüllt dein ganzes Sein. <> Das Gras unter deinen Füßen fühlt sich weich und warm an. <> In dir entsteht ein wohliges Gefühl von Frieden und Harmonie. <> Die Vögel fliegen in der Luft umher und freuen sich, das du in diesem Garten angekommen bist. <> Am Himmel ziehen kleine Wolken ihre Bahnen. <> Der warme Wind streichelt zärtlich deine Haut. <> Vor dir siehst du einen Weg, der sich weiter durch den Garten schlängelt. <> Folge diesem Weg. <> Er führt dich immer weiter in den Garten hinein. <> Du siehst viele andere Blumen und Bäume. <> Auch diese blühen in den schönsten Farben des Regenbogens. <> Ist das nicht ein wunderschöner Garten? <> Nach einiger Zeit kommst du an einer großen und wohlriechenden Rose an. <> Ihre großen Blätter erblühen in den schönsten Farben des Regenbogens. <> Ihre Blätter fühlen sich wie kostbare Seide an. <> Der Blütenduft erfüllt den ganzen Garten. <> Die großen grünen Blätter der Rose haben sich zu einer Treppe geformt. <> Bitte gehe jetzt die Treppe hinauf zu der Blüte der Rose. <> Je näher du der Blüte kommst, wirst du von einer unaussprechlichen Glückseligkeit erfüllt. <> Wenn du an der Blüte angekommen bist, dann entkleide dich und steige in die große Blüte. <> Der goldgelbe Blütenstaub umhüllt dein ganzen Körper. <> Über dir siehst du hellblauen Himmel. <> Nun neigen sich die Blütenblätter auf deine Körper und umschließen ihn sanft. <> Deine Haut wird zärtlich massiert. <> Du spürst keine Angst und fühlst dich wunderbar wohl. <> Nun erscheinen dir die Farben der Rose immer heller. <> Sie verschmelzen zu einem reinen weißen Licht Christus. <> Dieses Licht umhüllt dein ganzes Sein. <> Jetzt kannst du alle deine Sorgen und Nöte an das Licht Christus abgeben. <> Überlege einige Zeit, welche Sorgen die du an das Licht Christus abgeben möchtest. <> Nun übergebe deine Sorgen an das Licht Christus. <> Das Licht Christus umschließt deinen ganzen Körper und reinigt die Beine, <> die Arme, <> den Bauch, <> die Brust, <> den Rücken <> und den Kopf von allen Ängsten <> sowie Blockaden. <> Dein Körper wird immer leichter und erstrahlt in voller Schönheit. <> Ein Gefühl von Frieden und Glück erfüllt dein ganzes Sein. <> Nach einiger Zeit öffnet sich die Blüte wieder. <> Du kannst noch einige Zeit in der Blüte liegen bleiben. <> Hat sich deine Wahrnehmung vielleicht geändert? <> Alles was du jetzt in dir wahrnimmst, erzeugt in dir eventuell eine helle Freude? <> Sind die Farben voller Strahlkraft? <> Die Wolken, die du über dir siehst, sehen viel heller und klarer aus? <> Alles was du in dir jetzt wahrnimmst, ist die Wahrheit. <> Du bist jetzt frei von deinen Sorgen und wirst dein Leben mit anderen Augen sehen. <> Nun steige aus der Blüte und ziehe dich wieder an. <> Bedanke dich bei der Rose für das tolle Erlebnis. <> Gehe bitte den Weg durch den schönen Rosengarten zu deinem Ausgangspunkt zurück. <> Nun gehe hinaus und schließe das Tor wieder sorgfältig. <> Diese Landschaft ist in dir. <> Das ist der Garten deines Herzens. <> Dort kannst du immer in der Stille zurückkehren. <> Es liegt an dir, dieses Tor für alle Zeit zu öffnen, damit die Liebe Gottes Christus alles heilen kann, was dich bedrückt.

Traumreise 4

Dauer ca. 10 – 15 min

Wanderung auf einen Berg

Vor deinen Augen siehst du ein großes Tor mit goldenen Rahmen. <> Bitte öffne dieses Tor langsam und behutsam. <> Trete ein, nachdem das Tor geöffnet ist. <> Du findest dich im Gedanken auf einer Waldwiese mit wunderschönen Blumen und schaust auf die Berge am Horizont. <> Vor dir siehst du einen schmalen Weg, der sich immer weiter in die Höhe zu den Bergen am Horizont schlängelt. <> Bist du diesen Weg, der vor dir liegt, gehen kannst, musst du noch in Gedanken alle Sorgen, die dich in der letzten Zeit bedrückten, in eine schöne Schale legen. <> Lege jetzt alles was dich bedrückt in die Schale hinein. <> Schließe sie sorgfältig mit einem Deckel. <> Diese Schale legst du in einen Rucksack, der neben dir auf den Boden liegt. <> Diesen Rucksack nimmst du jetzt auf deinen Rücken und machst dich auf den Weg zu den Bergen am Horizont. <> Du gehst an alten Bäumen und Büschen vorbei. <> Du riehst vielleicht die schöne Waldluft. <> Sie riecht nach Moos, nach Kräutern und nach Wald-Erde. <> Die Vögel singen dir ein schönes Lied. <> In der Ferne hörst du einen Bach. <> Es ist warm und die Luft ist erfrischend. <> Links neben dir siehst du schöne Obstbäume, die gerade anfangen zu blühen. <> Nun kommst Du an dem Bach vorbei, den du in der Ferne schon gehört hast. <> Dort kannst du dich vom kühlen Wasser erfrischen. <> Tut das nicht gut? <> Du spürst, wie das Wasser dich wohltuend erfrischt. <> Nachdem du dich jetzt erfrischt hast, kannst du den Weg weiter hinauf zu den Bergen gehen. <> Bald kommst du an einem kleinen Plateau an. <> Dort legst du erst einmal deinen Rucksack ab. <> Rechts siehst du einen großen Stein, auf den du dich jetzt setzen kannst. <> Die Sonne scheint warm und hell auf dein Gesicht, auf die

Arme und Beine sowie auf den ganzen Oberkörper. <> Du fühlst dich wohl und warm. <> Ihre Sonnenstrahlen streicheln zärtlich deine Haut. <> Sie durchflutet den ganzen Körper. <> Du stehst im vollkommenen Licht Christus. <> Ist das nicht fantastisch? <> Es ist so, als ob alle Sorgen verschwunden sind. <> Du bleibst einige Minuten dort sitzen und genießt diesen einzigartigen Augenblick. <> Du spürst deinen inneren Frieden sowie Freiheit. <> Alle Muskeln entspannen sich und die Gelenke sind frei beweglich. <> Dem Körper wurde eine große Last genommen. <> Nachdem du dich ausgeruht hast, kannst du deinen Weg mit neuer Energie weiter gehen. <> Von diesem Plateau siehst du die Waldwiese, von der du losgegangen bist. <> Freudig mit der neuen Urkraft Christus trist du deinen Heimweg an. <> Den Rucksack mit der darin befindenden Schale lässt du auf dem Plateau zurück. <> Dieser wird nicht mehr benötigt. <> Der Weg führt die immer weiter zum Ausgangspunkt zurück. <> Hat sich an deiner inneren Wahrnehmung verändert? <> Alles, was du spürst und wahrnimmst, erzeugt in dir eine helle Freude? <> Sind die Farben voller Strahlkraft? <> Die Bäume und Büsche, die du vorher gesehen hast, sehen viel heller und klarer aus? <> Alles was du jetzt in dir wahrnimmst, ist die vollkommen Wahrheit Gottes Christus. <> Deine alten Sorgen hat das Licht Christus mitgenommen. <> Du bist jetzt vollkommen frei von deinen Sorgen und wirst dein Leben mit anderen Augen sehen. <> Jetzt bist du wieder auf der Waldwiese sicher angekommen und spürst die angenehme Luft. <> Die Schönheit der einzelnen Blumen nimmst du jetzt erst richtig wahr. <> Du bist sehr dankbar für das schöne Erlebnis mit dem Sonnenlicht als Licht Christus und dankst diesen dafür. <> Wenn neue Sorgen kommen, dann weißt du in Zukunft, das du auch diese an das Licht Christus sicher abgeben kannst. <> Nun gehe hinaus und schließe das Tor wieder sorgfältig. <> Diese Landschaft ist in dir. <> Das ist der Garten deines Herzens. <> Dort kannst du immer in der Stille zurückkehren. <> Es liegt an dir, dieses Tor für alle Zeit zu öffnen, damit die Liebe Gottes Christus alles heilen kann, was dich bedrückt.

Traumreise 5

Dauer ca. 10 – 15 min

Die Heilung des Lichts Christus

Vor deinen Augen siehst du ein großes Tor mit goldenen Rahmen. <> Bitte öffne dieses Tor langsam und behutsam. <> Trete ein, nachdem das Tor geöffnet ist. <> Du findest dich im Gedanken einsam und allein an einem Strand. <> Du spürst wie das Wasser deine Füße zärtlich umspült. <> Die Wellen schlagen im regelmäßigen Rhythmus auf den Strand. <> Die Möwen fliegen mit dem Wind den Strand entlang und suchen nach Fischen. <> Du spürst eine tiefe Freude und gehst in das Meer schwimmen. <> Das Wasser ist warm und riecht angenehm nach Wind, Sonne und Salz. <> Die Sonne als Licht Christus scheint in das klare Meer und lässt das Wasser herrlich funkeln. <> Du schwimmst fast schwerelos im Meer umher. <> Nun lässt du dich im Meer treiben. <> Du schaust in den Himmel und siehst wie die Wolken wie Schafe dahinziehen. <> Auf einmal hörst du das singen der Wale. <> Ist da Singen der Wale nicht atemberaubend? <> Du siehst einen großen Wal auf dich zu schwimmen. <> Er sagt mit seiner Tierstimme, das du auf seinen großen Rücken steigen sollst. <> Er würde dich zu einer besonderen Insel bringen, denn dort würde man dich schon sehr lange erwarten. <> Durch seine Liebe, die er verströmt, verspürst du eine tiefe Freude sowie Liebe und vertraust dem Wal. <> Mit vielen anderen Walen schwimmt ihr durch das Meer. <> Du siehst viele kleine Inseln mit Palmen am Strand und fliegende Fische springen aus dem Wasser. <> Die Wellen gehen auf und ab. <> Nach einiger Zeit kommt ihr zu einer schönen Insel. <> Dort sind Affen, Faultiere, Ameisenbären, Papageien und viele andere Tiere. <> Du wirst angenehm von ihrer Liebe durchströmt. <> Sie führen dich jetzt zu einer wunderschönen Höhle. <> In der Höhle wird ein Licht-Engel auf dich warten. <> Du gehst in die Höhle hinein. <> Die Höhle besteht aus Edelsteinen, die alle in den Farben des Regenbogens herrlich leuchten. <> Der Licht-Engel steht jetzt vor dir. <> Es sagt zu dir: „Hallo, ich möchte dich recht herzlich bei mir begrüßen. <> Auf dich habe ich schon sehr lange sehnsüchtig gewartet. <> Dort steht eine große Wanne. <> Bitte steige in die Wanne und lasse von allen Sorgen sowie Ängsten los." <> Du entkleidest dich und steigst in die Wanne. <> Jetzt wird das Licht Christus in allen Farben des Regenbogens hineingefüllt. <> Du tauchst in das Licht Christus und genießt das wohltuende Bad. <> Das Licht Christus reinigt dein ganzes Sein. <> Dein Körper fühlt sich angenehm warm an. <> Rotes, Oranges, Gelbes, Grünes, Blaues und Violettes Licht Christus durchströmt dein ganzen Körper. <> Er wird immer heller und fängt an von innen heraus zu leuchten. <> Alles was dich jetzt bedrückt kannst du an das Licht Christus abgeben. <> Es ist ganz leicht, hier alles loszulassen, was nicht mehr zu dir gehört. <> Du spürst das alles reinigte Licht Christus und nimmst ihre Wirkung in deinem ganzen Sein wahr. <> Du kleidest dich in ein neues Gewand aus innerer Ruhe und Harmonie. <> Dein Körper wird jetzt von einer sehr starken Aura sicher beschützt. <> Du fühlst dich unsagbar glücklich. <> Du steigst aus der Wanne und bedankst dich bei dem Engel für deine Reinigung sowie der intensiven Heilung des ganzen Seins. <> Du gehst aus der Höhle zu den Tieren an den Strand. <> Du verabschiedest dich von deinen neuen Freunden und steigst wieder auf den Rücken vom großen Wal, der die ganze Zeit liebevoll und geduldig auf dich gewartet hat. <> Der Wal bringt dich sicher wieder zum Strand, wo ihr beide eure gemeinsame Reise begonnen habt. <> Dort angekommen, schwimmst du überglücklich zum Ufer zurück. <> Jetzt kannst du dich beim Wal bedanken <> und bist zufrieden und frei von allem, was dich die ganze Zeit vorher so bedrückte. <> Hat sich was in deiner inneren Wahrnehmung geändert? <> Alles was du spürst und in dir wahrnimmst, erzeugt in dir eine helle Freude? <> Sind die Farben voller Strahlkraft? <> Alles was du in dir wahrnimmst, ist die vollkommene Wahrheit. <> Du bist jetzt vollkommen frei von allen Sorgen und wirst dein Leben mit anderen Augen sehen. <> Diese Landschaft ist in dir. <> Das ist der Garten deines Herzens. <> Dort kannst du immer in der Stille zurückkehren. <> Es liegt an dir, dieses Tor für alle Zeit zu öffnen, damit die Liebe Gottes Christus alles heilen kann, was dich bedrückt.

Traumreise 6

Die heilende Liebe Gottes Christus

Du findest dich in Gedanken an einen einsamen Strand wieder. <> An deiner Seite stehen große Dattelpalmen. <> Der Sand unter deinen Füßen fühlt sich angenehm weich und warm an. <> Der leichte Sommerwind streichelt zärtlich deine sanfte Haut. <> Die Luft riecht süßlich nach trophischen Blumen sowie Früchten. <> Das Sonnenlicht als Licht Christus lässt die Kristalle funkeln wie kleine Sternchen. <> Der Himmel ist aus zartem Blau mit unzähligen kleinen Wolken. <> Möchtest du auch einmal so sorglos deinen Lebensweg gehen? <> Du spürst einen tiefen inneren Frieden und Freude in dir. <> Ein unscheinbarer kleiner Weg führt die den Strand entlang. <> Du folgst dem Weg. <> Er führt dich immer weiter am Strand entlang. <> An dem Weg blühen die trophischen Blumen in den Farben des Regenbogens. <> Der liebliche Duft löst eine tiefe Freude in dir aus. <> In der Ferne hörst du einige Vögel liebevoll zwitschern. <> Nach einer kleinen Weile kommst du an einem kleinen See an. <> Von dem sauberen und kristallklaren Wasser erfrischst du dich ein wenig. <> Nun kannst du dich entkleiden und im warmen Wasser ein Bad nehmen. <> Dein Körper ist ganz entspannt und fühlt sich total leicht an. <> Genieße diesen einmaligen Augenblicks der unaussprechlichen Glücks. <> Du fühlst dich erfrischt. <> Nachdem du wieder angezogen bist, gehst du immer weiter den Weg entlang. <> Nach einiger Zeit kommst du an einem großen Platz an, wo eine große Tempelanlage ist. <> Vor dir ist jetzt eine große Treppe, die hinauf auf den Tempel führt. <> Gehe jetzt die Treppe hinauf. <> Mit jeder Stufe erhöht sich dein Bewusstsein. <> Oben auf dem Tempel ist ein schöner Platz für dich hergerichtet. <> Setze dich auf ein Kissen was vor dir liegt. <> Überlege einen

Moment was dich bedrückt. <> Was liegt im Moment auf deiner Seele? <> Was macht dir eventuell Sorgen? <> Nutze diese einmalige Chance, um alles an das Licht Christus abzugeben. <> Schließe jetzt deine Augen und bitte das göttliche Licht Christus als Gott Christus dich mit einer Kugel aus Licht zu umschließen. <> Ganz langsam und behutsam wirst du vom göttlichen Licht Christus eingehüllt. <> Vergebe nun dir und deinen Mitmenschen deren Schuld, um deinen inneren Frieden zu finden. <> Bitte jetzt Gott Christus dich von allem zu befreien, was dich so lange schon bedrückt hat. <> Der Himmel färbt sich in allen Farben des Regenbogens. <> Ein wunderschönes Lichtspiel beginnt den Himmel zu erleuchten. <> Die verschiedenfarbigen Lichtschleier verbinden sich zu einem weißen Lichtstrahl zu dem göttlichen Licht Christus. <> Der kosmische Lichtstrahl weitet sich über den ganzen Tempel aus und hüllt dich in das Licht Christus mit hinein. <> Dieses Licht Christus reinigt dein ganzes Sein auf allen Ebenen. <> Der Körper wird immer heller. <> Alles in deinem Körper wird jetzt liebevoll und einfühlsam gereinigt. <> Er fühlt sich warm und leicht an, ob dir Flügel gewachsen wären. <> In dir entsteht eine unglaubliche Urkraft Christus und friedvolle Leichtigkeit. <> Du bekommst neuen Mut und Tatendrang. <> Der tiefe innere Frieden ist in dir eingekehrt. <> Immer wenn dich jemand bedrängt oder innerlich aus deinem Frieden reißen will, kannst du dich an diesen einmaligen Augenblick erinnern und dieses Gefühl wieder in dir spüren. <> Es ist immer in dir. <> Gott Christus, unser liebender himmlischer Vater, möchte das du immer glücklich und zufrieden bist. <> Dieser Frieden ist ein Geschenk an dich. <> Du kannst ihn um alles bitten und auch dafür danken. <> Wenn du jetzt möchtest, dann danke ihm für dieses wunderschönes Erlebnis. <> Möchte dein Herz nicht vor innerer Freude platzen oder die ganze Welt umarmen? <> Glücklich und zufrieden trittst du den Heimweg an. <> Bald kommst du an deinen Ausganspunkt an. <> Du bist in Liebe geboren und wirst alles auch in der Liebe erleben können. <> Denke daran, dass du ein unschuldiges Kind Gottes Christus bist.

Traumreise 7

Dauer ca. 10 – 15 min

Der Tempel des Lichts Christus

Du findest dich in Gedanken auf einen Plateau wieder. <> Um dich herum sind uralte Urwaldbäume. <> Das Gras unter deinen Füßen fühlt sich weich und angenehm warm an. <> Der leichte Sommerwind streichelt zärtlich deine sanfte Haut. <> Die Luft riecht nach trophischen Blumen und Früchten. <> Vor dir siehst du in der Ferne hohe Berge, die mit Schnee bedeckt sind. <> Das Sonnenlicht als das Licht Christus lässt die Kristalle funkeln wie kleine Sternchen. <> Der Himmel ist Blau mit unzähligen kleinen Wolken. <> Möchtest du vielleicht auch einmal so sorglos deine Bahn im Lebenshimmel ziehen? <> Du spürst einen tiefen Frieden und Freude in dir. <> Von dem Plateau führt ein unscheinbarer kleine Weg an dem Urwald entlang. <> Du folgst dem Weg. <> Er führt dich immer weiter am Wald entlang. <> Am Weg blühen die schönsten trophischen Blumen in den Farben des Regenbogens. <> Der liebliche Duft löst in dir tiefe Freude aus. <> In der Ferne hörst du einen Wasserfall. <> Nach einer Weile kommst du an dem Wasserfall an. <> Von dem sauberen und kristallklaren Wasser erfrischt du dich ein wenig. <> Nun entkleidest du dich und nimmst in dem Wasser ein erfrischendes Bad. <> Dein Körper ist ganz entspannt und fühlt sich total leicht an. <> Genieße diesen einzigartigen Augenblick des unaussprechlichen Glücks. <> Du fühlst dich erfrischt. <> Nachdem du wieder angezogen bist, gehst du weiter den Weg entlang. <> Es riecht nach Moos und Erde. <> Nach einiger Zeit kommt der Weg bei einem Platz an, wo eine große Tempelanlage ist. <> Vor dir ist jetzt eine große Treppe, die hinauf zum Tempel führt. <> Gehe jetzt die Treppe hinauf. <> Mit jeder Stufe erhöht sich dein Bewusstsein. <> Oben auf dem

Tempel steht auf einen Altarstein eine goldene Schale. <> Hier kannst du alle deine Sorgen und Ängste in die Schale hinein legen. <> Überlege einen Moment darüber nach, was du da hinein legen willst, was dich so lange bedrückt hat. <> Wer hat dich eventuell verletzt oder sogar belogen? <> Hat dich jemand ausgenutzt? <> Nutze diese einmalige Chance, um alles an das Licht Christus abzugeben. <> Vergebe dir und auch anderen Menschen, damit wahrer innerer Friede sich einstellen kann. <> Bitte jetzt Gott Christus diese goldene Schale zu entleeren. <> Der Himmel färbt sich in alle Farben des Regenbogens. <> Ein wunderschönes Lichtspiel beginnt den Himmel zu erleuchten. <> Die verschiedenfarbigen Lichtschleier verbinden sich zu einem weißen Lichtstrahl zu dem göttlichen Licht Christus. <> Der kosmische Lichtstrahl weitet sich über den ganzen Tempel aus und hüllt dich in das Licht Christus mit hinein. <> Dieses Licht Christus reinigt dein ganzes Sein auf allen Ebenen. <> Der Körper wird immer heller. <> Alles in deinem Körper wird jetzt liebevoll und einfühlsam gereinigt. <> Er fühlt sich warm und leicht an, ob dir Flügel gewachsen wären. <> In dir entsteht eine unglaubliche Urkraft Christus und friedvolle Leichtigkeit. <> Du bekommst neuen Mut und Tatendrang. <> Der tiefe innere Frieden ist in dir eingekehrt. <> Immer wenn dich jemand bedrängt oder innerlich aus deinem Frieden reißen will, kannst du dich an diesen einmaligen Augenblick erinnern und dieses Gefühl wieder in dir spüren. <> Es ist immer in dir. <> Gott Christus, unser liebender himmlischer Vater, möchte das du immer glücklich und zufrieden bist. <> Dieser Frieden ist ein Geschenk an dich. <> Du kannst ihn um alles bitten und auch dafür danken. <> Wenn du jetzt möchtest, dann danke ihm für dieses wunderschönes Erlebnis. <> Möchte dein Herz nicht vor innerer Freude platzen oder die ganze Welt umarmen? <> Glücklich und zufrieden trittst du den Heimweg an. <> Bald siehst du das Plateau vor dir. <> Du bist in Liebe geboren und wirst alles auch in der Liebe erleben können. <> Denke daran, dass du ein unschuldiges Kind Gottes Christus bist.

Traumreise 8

Dauer ca. 10 – 15 min

Die große Lotusblüte

Du befindest dich in Gedanken an einen wunderschönen großen See. <> In der Mitte ist eine große Lotusblüte zu sehen. <> Ihre großen Blätter sind wie ein auf dem Wasser. <> Aus der Blüte kommt ein süßlicher Duft. <> Die Ruhe des Sees lässt in dir ein angenehmes Gefühl entstehen. <> Einen Moment legst du alles an die Seite, alle Gedanken an gestern und heute lässt du los und achtest auf den jetzigen Augenblick. <> Du ruhst in dir selbst. <> Nun gehe von Blatt zu Blatt zur großen Lotusblüte. <> Wenn du bei ihr angekommen bist, dann lege dich in die Blüte hinein. <> Alles fühlt sich an wie kostbarste Seide und in dir entsteht ein Gefühl von Frieden und Glückseligkeit. <> In aller Stille überlegst du einen Moment, was du an Gott Christus alles abgeben möchtest. <> Nun bitte Gott Christus deinen Körper sowie deine Seele von allen Sorgen und Nöten zu befreien. <> Jetzt kannst du alles an sein göttliches Licht Christus abgeben. <> Ein kleines Samenkorn wartet in der Dunkelheit der Sorgen und des Leids auf die wärmende Strahlen der Liebe Christus. <> Der Durchbruch aus der Dunkelheit kann sehr schmerzhaft sein. <> Doch das Licht Christus wird immer stärker und entfaltet alle seelischen Anlagen durch die Gnade des Gottes Christus, wie eine aufgehende Lotusblüte in den schönsten Farben des Regenbogens. <> Schritt für Schritt öffnest du dich dem himmlischen göttlichen Licht Christus. <> Zuerst entfaltet sich deine rote Blüte am untersten Punkt der Wirbelsäule. <> Sie verbindet deinen Körper mit der Urkraft Christus der Erde und ist dein Wurzelchakra. <>

Dann entfaltet sich deine orange Blüte im Unterbauch. <> Sie schenkt dir die Möglichkeit auf ein Du und auf die Menschen zuzugehen. <> Sie verbindet dich mit dem Element Wasser und ist dein Sexualchakra. <>

Dann entfaltet sich deine gelb leuchtende Blüte im Oberbauch. <> Sie hilft dir, in einem sozialen Umfeld zu intrigieren, aber auch Nahrung und das Licht Christus der Sonne in deinem Körper zu verteilen. <> Das Element Feuer wirkt in dein Solarplexuschakra. <>

Dann entfaltet sich viele grüne Blätter in deinem Liebeszentrum, dem Herzchakra. <> Das Element Luft zeigt dir die Leichtigkeit und Zartheit der Herzenskraft als die Urkraft Christus, denn ohne Luft gibt es kein Leben. <> Zarte Lichtstrahlen entfalten nun deine schönste Lotusblüte in einem zarten Rosa. <> Hier vermählt sich das göttliche Licht Christus des himmlischen Vaters Gott Christus und der Erdenmutter und lässt dir das Licht Christus als starke Urkraft Christus als Liebe wachsen. <> Die Urkraft Christus als Liebe und des Friedens sind wie glitzernder Tau des Himmels, der dich läutert. <> Du bist ein Gefäß des himmlischen Taus, es lenkt dein Tun, es lenkt alle deine Aktivitäten. <>

Das Blau des Himmels zeigt sich in deiner Lotusblüte des Halschakras, das Zentrum der Weisheit und der Intuition. <> Es ist die Forte zum Himmlischen Jerusalem. <> In tiefer Verbundenheit zum inneren Licht Christus lauscht du in dein Inneres. Gott Christus spricht leise zu dir. <>

Dunkelblau ist der Urgrund der Stille deiner Lotusblüte in der Mitte deiner Stirn. <> Dein Drittes Auge. <> Du betrachtest in große Stille die Bilder und Farben, die dir deine göttliche Führung zeigen möchte. <> Nichts trennt dich mehr, weder von deinen Mitmenschen, noch von der ganzen Schöpfung des Gottes

Christus. <> Du fühlst das Einssein mit allem. <> Alles, was dir hier begegnet, zeigt dir deinen seelischen Zustand wie ein große Spiegel. <>

Eine wundervolle violette Lotusblüte öffnet sich am obersten Punkt des Kopfes zur Quelle des weißen göttlichen Licht Christus, das den gesamten Lebensbaum zur Entfaltung bringt. <> Alle Blüten leuchten wie ein Regenbogen im strahlenden Licht. <> Das weiße strahlende Licht Christus ist das Ziel deines Wachstums. <> Ohne diese wundervolle Licht-Quelle gedeiht gar nichts in dir. <> Immer mehr wirkt es durch alle Ebenen deines Seins. <> Es wirkt in deinen Gedanken versöhnend sowie verzeihend. <> In deinen Gefühlen wirkt es friedlich und freudig. <> Dein Körper wird durchströmt von Lebenskraft und Energie. <> Du liegst im Lichtstrahl der göttlichen Liebe Christus. <> Alle Blockaden in deinen Energiesystem lösen sich wie dunkle Wolken, die von einer frischen Brise vertrieben werden. <>

Manchmal wirst du aufgehalten in deinem seelischen Wachstum. <> Dein kleines Ich hat Wünsche nach Haben und Prestige in der äußeren Welt und liegt oft im Widerspruch mit deinem höheren Selbst, das nur die Liebe Christus kennt. <> Kummer, Ängste und Sorgen zeigen dir, dass das Licht der Liebe Christus in dir getrübt ist. <> Seelisches Leid führt dich zur großen Weisheit Christus zurück in den göttlichen Lichtstrahl Christus. <> Du bist ein Kind des Himmels und der Erde. <> Die Erde nährt den Körper und das Licht des Himmels durchdringt den Körper und macht ihn zu einem Tempel des Lichts Christus. <> Kleine Lichtatome erstrahlen in dir, und mitten in deinem Lebensbaum strahlt das Licht Christus mit großer, unendlicher Liebe Christus. <>

Du wirst befruchtet vom glückseligen Nektar aus der Quelle des höchsten Thrones, aus dem Urgrund allen Seins. <> Nichts in dieser Welt kann deinen

Weg zum inneren Licht Christus aufhalten, denn du bist ein Teil davon. <> Dein Lichtgewand leuchtet weiß, und das verheißende Siegel öffnet für immer den Lichtstrahl der göttlichen Liebe Christus. <> Mögest du von nun an erfüllt sein von der göttlichen bedingungslosen Liebe Christus.

Traumreise 9

Dauer ca. 10 – 15 min

Das Meer der Liebe Christus

Du befindest dich in Gedanken auf einer Insel in der Südsee. <> Auf der ist ein großer Berg. <> Er sieht aus wie ein alter, erloschener Vulkan. <> Die Insel ist mit vielen trophischen Bäumen und Palmen bewachsen. <> Du hörst die Laute der Tiere. <> Der Himmel ist in ein zartes Blau gefärbt. <> Das Meer ist türkis und die Wellen schlagen sanft auf den Strand. <> Vor dir siehst du einen schmalen Weg. <> Dieser Weg führt dich hinauf auf den Berg. <> Gehe jetzt den Weg entlang. <> Dort am Wegesrand wachsen viele trophische Blumen. <> Ist das nicht schön, wie sie lieblich und zart duften? <> Die Luft ist warm und streichelt zärtlich deine sanfte Haut. <> In dir entsteht ein wohliges Gefühl von Frieden und Harmonie. <> Die Sonne wärmt deine Haut. <> Vor dir siehst du jetzt den Berg. <> Die Bergkuppe ist in einer Wolke eingehüllt. <> Du gehst immer weiter den Weg entlang. <> Immer höher und höher schlängelt sich der schmale Weg hinauf zur Bergkuppe. <> Nun bist du schon oben angekommen und kannst die schöne Aussicht voll und ganz genießen. <> Von dort aus hast du einen schönen Überblick über die ganze Insel. <> Unten in der Bergmitte ist ein großer See. <> Auf der Oberfläche spiegelt sich der Himmel mit seinen weißen Wolken. <> Das Berginnere ist mit vielen Bäumen und Blumen bewachsen. <> Die Vögel zwitschern dir ein schönes Lied. <> Du spürst den Frieden und die Harmonie in deinem Inneren und bist völlig entspannt. <> Du wirst von einer angenehmen Kraft durchströmt. <> Wenn du an dem See angekommen bist, dann entkleide dich und gehe in das Wasser schwimmen. <> Es ist völlig klar und schön warm. <> Ist das nicht ein atemberaubender Augenblick? <> Das Wasser umschließt deinen ganzen Körper. <> Du spürst keine Angst mehr und das Wasser trägt dich. <> Es fühlt sich an, ob du mit dem Wasser verschmolzen bist. <> Schwimme nun langsam zu dem Wasserfall. <> Um den Wasserfall siehst du einen großen Regenbogen. <> Die Farben leuchten mit großer Strahlkraft. <> Alle Farben des Regenbogens ergießen sich in deinen Körper und in das Wasser des Sees. <> Dein Körper fühlt sich immer leichter an. <> Er wird immer heller und verschmilzt mit dem Licht Christus. <> Alle Sorgen und Nöte kannst du jetzt an das Licht Christus abgeben und aus ganzen Herzen loslassen. <> Genieße diesen einmaligen Augenblick des Friedens und der Harmonie. <> Schwimme nun wieder an Land und ziehe dich wieder an. <> Der Berg, die Tiere sowie die Pflanzen erscheinen dir viel heller. <> Sie verströmen Harmonie und die bedingungslose Liebe Christus. <> Ihre Schönheit lässt einen tiefen inneren Frieden in dir entstehen. <> Du verspürst jetzt eine tiefe Verbundenheit mit der Erde, dem Himmel und allen Lebewesen. <> Die Liebe der Muttererde und des Vaters Gott Christus sowie das Licht Christus von seinen Sohn Jesus Christus nähren jetzt dein ganzes Sein. <> Du bekommst neuen Mut und Tatendrang. <> Der Frieden ist in dir eingekehrt. <> Immer wenn dich jemand bedrängt oder innerlich aus deinem Frieden reißen will, kannst du an dieses schöne Erlebnis erinnern und dieses Gefühl wieder in dir spüren. <> Es ist immer in dir. <> Gott Christus, unser liebender Vater möchte, dass du immer glücklich und zufrieden bist. <> Dieser Friede ist ein großartiges Geschenk an dich. <> Du kannst ihn um alles bitten und danken. <> Wenn du jetzt möchtest, dann danke ihm für dieses wunderbare Geschenk seiner Gnade des Friedens nur für dich. <> Möchte dein Herz nicht vor seliger Freude fast zerspringen? <> Glücklich und zufrieden trittst du jetzt den Heimweg an und der Strand ist bald erreicht. <> <> Du bist in Liebe geboren und wirst alles auch in der Liebe erleben können. <> Denke daran, dass du ein unschuldiges Kind Gottes Christus bist.

Traumreise 10

Dauer ca. 10 – 15 min

Die Reise in das goldene Jerusalem in deinem Herzen

Vor deinen Augen siehst du eine schöne Waldwiese. <> Viele schönen Blumen blühen dort. <> Die Wolken ziehen ihre Bahnen am hellblauen Himmel. <> Die Sonne wärmt sanft deine Haut. <> Der leichte Wind weht dir zart durch dein Haar. <> Am Horizont siehst du ein kleines Licht auf dich zukommen. <> Du spürst ein liebesvolles Gefühl von Liebe und Harmonie in dir. <> Das Licht wird immer größer und du erkennst das es eine Lichtkugel als Licht Christus ist. <> Sie kommt immer näher, bis sie in voller Größe vor dir steht. <> Du spürst einen tiefen inneren Frieden in dir. <> Nun trete ganz behutsam in die Lichtkugel als das Licht Christus ein. <> Dort siehst du deine Engel, die dich jeden Tag begleiten sowie beschützen. <> Sie haben schon sehr lange auf diesen Augenblick gewartet. <> Du kannst ihnen alle Fragen stellen, die deinem Herzen jetzt entspringen. <> Sie werden dir vielleicht jetzt auf alles keine Antwort geben, aber es kann dann sein, das ein Gedanke, ein inneres Bild oder eine Situation dir eine Antwort auf deine Fragen geben. <> Gehe ab jetzt nur mit einem weit geöffneten Herzen durch dein weiteres Leben. <> Die Engel sagen dir jetzt das du mit ihnen heute eine wundervolle Reise unternimmst. <> Nun strömt ein liebesvolles Licht Christus in deinen ganzen Körper. <> Du hast jetzt ein Gefühl von einer Leichtigkeit sowie Harmonie in dir. <> Dein Körper wird jetzt immer heller und heller. <> Du weitet deinen Körper solange aus, bist du mit dem Licht Christus verschmolzen bist. <> Du spürst einen tiefen inneren Frieden in dir. <> Nach einiger Zeit siehst du eine goldene Stadt in dir. <> Sie leuchtet in allen Farben des Regenbogens. <> Der Himmel ist erfüllt von einer wundervollen Harmonie, die aus dem göttlichen Sein des himmlischen Vaters

Gott Christus kommt. <> Du wirst von deinem Engel zu dieser heiligen Stadt geführt. <> Je näher du ihr kommst, erkennst du sie wieder. <> Was für ein wunderbarer Ort ist das? <> Spüre jetzt tief in dein Inneres hinein. <> Aus der Stadt hört man herrliche anmutende Musik, die du so noch nicht gehört hast. <> Die anderen Menschen, die sich im inneren der heiligen Stadt befinden, tanzen voller Freude und singen zu der Musik heilige Psalmen. <> Die Engel führen dich jetzt um die Stadt herum, damit du das sehr große Ausmaß sowie alle ihre Tore in aller Ruhe mit ganzem Herzen liebevoll und sehr dankbar zu betrachten. <> Als letztes stehst du vor einem goldenen Tor. <> Es ist mit kostbarsten Edelsteinen edel und rein verziert. <> Jedes Tor hat eine andere Farbe. <> Du wirst jetzt in die Heilige Stadt hinein geführt. <> Dort kannst du dich einen Moment umschauen. <> Die Engel teilen nun dir mit, das es jetzt Zeit ist zu gehen. <> Du spürst eine tiefe bedingungslose Liebe Christus, die diese Stadt verströmt. <> Du verabschiedest dich von den Menschen und trittst mit deinen Engeln wieder die Heimreise an. <> Hast du diese Heilige Stadt jetzt erkannt? <> Sie ist das goldene Jerusalem in deinem Herzen. <> Die Engel verabschieden sich von dir jetzt und sagen zu dir sehr liebevoll, das du jederzeit sie rufen kannst, um mit ihnen wieder diese Heilige Stadt in deinem Herzen zu besuchen. <> Eines Tages, wenn du bereit bist alles in der Liebe Christus heilen zulassen, kannst du dann für alle Ewigkeiten in diese Heilige Stadt zurückkehren. <> Nun verlässt du die Lichtkugel wieder und bist auf der Waldwiese angekommen. <> Einen tiefen inneren Frieden hast du aus der Heiligen Stadt mitgenommen. <> Nun darfst du deinen Lebensweg mutig weitergehen.

Traumreise 11

Dauer ca. 10 – 15 min

Die sieben Gärten des Regenbogens

Du befindest dich in Gedanken auf einen schönen Weg zu den sieben Gärten des Regenbogens. <> Nun gehe diese Weg entlang, bis du in einen wunderschönen Garten der Muttererde ankommst. <> In diesem Garten blühen die Blumen und Sträucher in einem schönen Rot. <> Rosen, Oleander und viele andere Blumen duften herrlich und lassen ein Gefühl von Liebe zur Muttererde entstehen. <> Das Gras fühlt sich unter deinen Füßen angenehm warm an. <> Die Sonne streichelt zärtlich deine sanfte Haut. <> In diesem Garten kannst du dich mit der Urkraft Christus der Muttererde verbinden und in deinem ganzen Körper wahrnehmen. <> Öffne dich für die Liebe Christus der Muttererde und bitte sie dich von allem zu reinigen. <> Dein Körper wird jetzt von einem wunderbaren warmen roten Licht Christus durchflutet. <> Ist das nicht ein herrliches Gefühl? <> Genieße diesen Augenblick. <> Nun bedanke dich bei der Muttererde dafür, dass sie dich immer mit ihrer Urkraft Christus liebevoll versorgt und auch stärkt. <> Gehe diesen Weg weiter, bis du in dem zweiten Garten ankommst. <>

Alle Blumen und Büsche blühen in der Farbe Orange. <> Dieser Garten ist der Garten des Vergebens. <> Vor dir siehst du jetzt einen Platz. <> Setze dich einige Minuten hin und überlege kurz, wer dich in der letzten Zeit vielleicht verletzt bzw. wen du verletzt hast. <> Öffne dich jetzt für das orange Licht Christus der Vergebung und bitte es dir bei diesem Vergeben liebevoll und einfühlsam zu helfen. <> Das Licht Christus durchströmt deinen ganzen Körper, <> Du wirst von einem wunderbaren Gefühl der Liebe Christus erfüllt. <> Wenn du jetzt bereit bist, dann vergebe dir und anderen Menschen eure Schuld. <> In diesem Garten ist das Vergeben besonders leicht. <> Bedanke dich jetzt und gehe den Weg weiter zum dritten Garten. <>

Jetzt bist du im dritten Garten sicher angekommen. <> Es ist der Garten der lieben Sonne. <> Alle Blumen blühen in einem kostbaren Gelb. <> Vor dir siehst du einen Stein, auf den du dich jetzt setzen kannst. <> An diesem Ort können wir lernen unsere Gefühle, die Offenheit, das Annehmen sowie Anerkennen der Individualität der Mitmenschen zu verstehen und auch zuzulassen. <> Ein Einsperren der Gefühle macht deinen Körper und deine Seele auf Dauer sehr krank. <> Bitte die Sonne mit ihrem Licht Christus zu durchströmen und deinen Körper sowie die Seele liebevoll zu heilen. <> Du wirst von einem wunderbaren Gefühl der Liebe Christus erfüllt. <> Bedanke dich jetzt und gehe den Weg weiter zum vierten Garten. <>

Jetzt bist du im Garten der Liebe Christus angekommen. <> Alle Blumen und Bäume erblühen in einem zarten Grün. <> Es ist ein sehr Heiliger Ort der Liebe Christus. <> Vor dir siehst du eine wunderschöne grüne Wiese. <> Lasse dich dort nieder und spüre die Liebe Christus der Pflanzen sowie der Bäume. <> In diesem Garten vereinigt sich die Liebe Christus des himmlischen Vaters Gott Christus mit der Liebe Christus der Muttererde. <> Bitte nun das grüne Licht Christus in dein Herz zu strömen und dein Herz von allem zu heilen, was dich jetzt in deinen Herzen sehr bewegt und auch bedrückt. <> In deinem Herzen entsteht jetzt einen tiefen Frieden sowie herzlicher Freude, weil du jetzt eine Liebe Christus in deinem ganzen Körper spürst, die du noch nie in deinem Leben so erlebt hast. <> Bedanke dich jetzt und gehe den Weg weiter zum fünften Garten. <>

In diesen Garten blühen alle Blumen in einem Hellblau. <> Dieser Garten ist ein Ort des Vertrauens und der Selbsterkenntnis. <> In diesem Garten kannst du dich mit dem hellblauen Licht Christus des himmlischen Vaters Gott Christus verbinden. <> Gehe weiter in den Garten hinein. <> Dort findest du einen Platz wo du dich voll und ganz entspannen kannst. <> Lasse jetzt die liebevolle Umgebung auf dich wirken. <> In dir entsteht jetzt ein wunderbares Gefühl von Geborgenheit. <> Bitte jetzt das hellblaue Licht Christus deinen ganzen Körper liebevoll zu reinigen, um sich in einen tiefen Vertrauen dem Licht Christus hinzugeben. <> Durch die Verbindung zum himmlischen Vater Gott Christus gelingt uns ein freier Selbstausdruck des inneren Heiligen Wesens das wir durch ihn im eigentlichen Sinn, auch immer sind. <> Ein tiefes Gefühl der Freude, des Vertrauens und er Vollständigkeit erfüllt dich. <> Bedanke dich jetzt und gehe den Weg weiter zum sechsten Garten. <>

In diesen Garten blühen alle Blumen in einem schönen ruhigen Blau. <> Es ist der Garten der liebevollen Schöpfung des himmlischen Vaters Gott Christus. <> Hier kannst du lernen, dass du für dein Leben dein eigener Schöpfer bist. <> Überlege kurz, was du in Zukunft in deinem weiteren Leben alles machen möchtet. <> Suche dir einen ruhigen Platz, wo du dich mit den ruhigen blauen Licht Christus des himmlischen Vaters Gott Christus liebevoll verbinden kannst. <> Es hilft deine Gedanken als Urkraft Christus deines Geistes zu harmonisieren und die Schöpfung liebevoll zu achten, zu respektieren sowie zu erhalten. <> Dadurch wachsen Toleranz und die Liebe Christus in deinem ganzen Sein. <> Bitte jetzt das blaue Licht Christus deinen ganzen Körper zu reinigen und dir zu helfen deine Gedanken liebevoller werden zulassen. <> Bedanke dich jetzt und gehe den Weg weiter zum siebten Garten. <>

In diesen Garten blühen die Blumen und Sträucher in einem schönen Violett. <> Es ist der Garten der Einheit, der Harmonie sowie der ewigen Weisheit, Wissen und Rechtschaffenheit. <> Hier vereinen sich die farbigen Lichter Christus der anderen Gärten zu einer unendlichen, bedingungslosen Liebe Christus. <> Es gibt dort keine Vergangenheit oder auch die Zukunft. <> Alles ist im Hier und Jetzt. <> Die Umgebung wirkt auf dich sehr liebevoll und lässt ein unbeschreibliches Gefühl der unendlichen Liebe Christus und Geborgenheit in dir entstehen. <> Suche dir jetzt einen ruhigen harmonischen Platz in diesen Garten. <> Bitte jetzt das violette Licht Christus deinen ganzen Körper zu reinigen. <> Durch das Öffnen der göttlichen Weisheit, dem Wissen sowie der Rechenhaftigkeit, als das Licht Christus, werden wir zu einem Gefäß, das gefüllt ist mit der Liebe Christus und der Lebensfreude. <> Ein ungebrochenes Vertrauen in eine wohltuende Urkraft Christus, die uns leitet und führt, breitet sich in uns aus. <> Es gibt keine Zufälle mehr, sondern wir erkennen, was uns zufällt, ist die Führung uns zeigen sowie vermitteln will. <> Immer mehr öffnet sich der Zugang zu einem intuitiven Wissen, das von Weisheit und Rechtschaffenheit erfüllt ist. <> Das Einssein mit allen Kreaturen, mit der ganzen Schöpfung wird dermaßen intensiv erlebt, dass ein Bedürfnis nach Umarmung und Verschmelzung mit dem Garten entsteht. <> Verständnis und Toleranz als seelische Grundeinstimmung entwickelt sich stetig. <> Bedanke dich jetzt bei diesem Licht Christus für die wunderbare einfühlsame Liebe Christus und des Friedens. <> Nun verlasse diesen Garten. <> Der Weg führt dich aus dem Garten. <>

Nun bist du an deinem Ausgangspunkt angekommen. <> Der Kreis hat sich geschlossen und du erkennst die immer wiederkehrende Verbindung zur ewigen Liebe Christus. <> Die Reise durch die Gärten deines Körpers ist nun zu Ende. <> Der Friede sei mit dir!

Traumreise 12

Dauer ca. 10 – 15 min

Die Begegnung mit deinem inneren Licht Christus

Vor deinen Augen siehst du ein großes Tor mit goldenen Rahmen. <> Bitte öffne dieses Tor langsam und behutsam. <> Trete ein, nach dem das Tor geöffnet ist. <> Du befindest dich jetzt auf einer wunderschönen Wiese mit Blumen wieder. <> Sie leuchten in allen Farben des Regenbogens. <> Ihr lieblicher Duft verströmt sich auf der ganzen Wiese. <> In dir entsteht ein Gefühl von Liebe und Harmonie. <> Der Himmel ist hellblau und die kleinen weißen Wolken ziehen ihre Bahnen. <> Die Tiere um dich herum verströmen eine tiefe Liebe Christus sowie eine angenehme Wärme. <> Vor dir siehst du einen wunderschönen Platz mit wunderschönen Blumen. <> Dort siehst du einen Stein auf den du jetzt setzen kannst. <> Nehme jetzt deinen Platz ein und komme zur Ruhe. <> Fühle in dich hinein. <> Wie fühlt sich dein Körper jetzt an? <> Welche Gedanken strömen durch deinen Kopf? <> Bewegt dich in den letzten Tagen eine wichtige Frage und wo du noch keine Antwort gefunden hast? <> Fühle immer weiter in dich hinein. <> Tiefer und tiefer fühlst du in dich hinein. <> Nun siehst du ein kleines Licht Christus. <> Es kommt auf dich zu und wird dabei immer größer. <> Nun bleibt das Licht Christus vor dir stehen. <> Es verströmt ein sehr liebevolles Licht Christus. <> In dir entsteht ein Gefühl von Frieden und Harmonie. <> Das Licht Christus durchdringt deinen ganzen Körper. <> Nun kannst du eventuell eine Frage stellen oder es bitten dich in deinem Leben zu begleiten und zu führen. <> Wenn alles in Ordnung ist, dann genieße diesen einzigartigen Moment. <> Alles, was dich jetzt vielleicht bedrückt oder beschäftigt, kannst du an das liebevolle Licht Christus abgeben. <> Wenn du eine Frage gestellt hast, dann kann es sein, dass du in diesem

Moment keine Antwort bekommst. <> Achte in der nächsten Zeit auf eine Situation oder ein Gefühl bzw. einen Gedanken. <> Du wirst es auf eine Weise wissen, was die Antwort ist. <> Eventuell fühlst du die Antwort schon in dir. <> Langsam verlassen alle Blockaden deinen Körper. <> Bedanke dich jetzt bei dem Licht Christus für ihre wunderbare einfühlsame Liebe Christus und den inneren tiefen Frieden, den es dir jetzt geschenkt hat. <> Nun komme wieder bei dir an. <> Du befindest dich jetzt wieder auf der Wiese. <> Die Schönheit der einzelnen Blumen nimmst du erst jetzt richtig in diesem Augenblick wahr. <> Du bist jetzt sehr dankbar für dein Erlebnis mit deinem inneren Licht Christus. <> Wenn dann neue Sorgen kommen, dann weißt du in Zukunft, dass dieses innere Licht Christus dir immer beistehen sowie helfen wird, alles in dir wieder liebevoll aufzulösen sowie zu heilen. <> Es ist das Licht der Liebe Christus. <> Wenn du jetzt möchtest, dann gebe dich der bedingungslosen Liebe Christus hin, um wahren Frieden mit allen Kreaturen zu erleben. <> Gehe hinaus und schließe das Tor sogfältig. <> Das ist der Garten deines Herzens. <> Dort kannst du jederzeit in aller Stille dort zurückkehren, wenn du es möchtest. <> Er ist immer geöffnet und niemals verschlossen. <> Es liegt an dir jetzt dieses Tor für alle Zeit zu öffnen, damit das Licht Christus alles heilen kann, was dich bedrückt.

Traumreise 13

Dauer ca. 10 – 15 min

Die Suche nach deinem inneren Licht Christus

Vor deinen Augen siehst du ein großes Tor mit goldenen Rahmen. <> Bitte öffne dieses Tor langsam und behutsam. <> Trete ein, nach dem das Tor geöffnet ist. <> Du befindest dich jetzt auf einer wunderschönen Wiese mit Blumen wieder. <> Sie leuchten in allen Farben des Regenbogens. <> Ihr lieblicher Duft verströmt sich auf der ganzen Wiese. <> In dir entsteht ein Gefühl von Liebe und Harmonie. <> Der Himmel ist hellblau und die kleinen weißen Wolken ziehen ihre Bahnen. <> Vor dir siehst du einen wunderschönen Platz mit wunderschönen Blumen. <> Dort siehst du einen Stein auf den du jetzt setzen kannst. <> Nehme jetzt deinen Platz ein und komme zur Ruhe. <> Fühle in dich hinein. <> Wie fühlt sich dein Körper jetzt an? <> Fühle immer weiter in dich hinein. <> Tiefer und tiefer sinkst du in dich hinein. <> Nun mache dir bitte Folgendes bewusst: <>

Ich suche in meinem Herzen „Leben";
Ich suche in meinem Herzen „Freude";
Ich suche in meinem Herzen „Geborgenheit";
Ich finde in meinem Herzen „Frieden";
Ich suche in meinem Herzen „Liebe";
Ich suche in meinem Herzen „Gott Christus";
Ich suche in meinem Herzen „mein Zuhause".

Ich finde in meinem Herzen „Leben";
Ich finde in meinem Herzen „Freude";

Ich finde in meinem Herzen „Geborgenheit";
Ich finde in meinem Herzen „Frieden";
Ich finde in meinem Herzen „Liebe";
Ich finde in meinem Herzen „Gott Christus";
Ich finde in meinem Herzen „mein Zuhause".

Ich spüre in meinem Herzen „Leben";
Ich spüre in meinem Herzen „Freude";
Ich spüre in meinem Herzen „Geborgenheit";
Ich spüre in meinem Herzen „Frieden";
Ich spüre in meinem Herzen „Liebe";
Ich spüre in meinem Herzen „Gott Christus";
Ich spüre in meinem Herzen „mein Zuhause".

In dir entsteht ein Gefühl von Frieden und Harmonie. <> Langsam verlassen alle Blockaden deinen ganzen Körper. <> Nun komme langsam wieder bei dir an und du befindest dich auf der Wiese wieder. <> Gehe hinaus und schließe das Tor sogfältig. <> Das ist der Garten deines Herzens. <> Dort kannst du jederzeit in aller Stille dort zurückkehren, wenn du es möchtest. <> Er ist immer geöffnet und niemals verschlossen. <> Es liegt an dir jetzt dieses Tor für alle Zeit zu öffnen, damit das Licht Christus alles heilen kann, was dich bedrückt.

Traumreise 14

Dauer ca. 10 – 15 min

Das fließende Herz

Du befindest dich jetzt in Gedanken auf einer Sommer wiese. <> Die Blumen blühen in allen Farben des Regenbogens. <> Der Löwenzahn blüht in einem schönen Gelb. <> Die Wiesenkräuter wachsen voller Freude dem Himmel entgegen. <> Ihr lieblicher Duft verströmt sich auf der ganzen Wiese. <> Es entsteht ein Gefühl von Frieden und Harmonie. <> Der Himmel ist hellblau. <> Die Sonne erstrahlt in voller Schönheit und wärmt angenehm deine sanfte Haut. <> Nun komme ein wenig zur Ruhe. <> Fühle jetzt in dich hinein. <> Wie fühlt sich dein Körper jetzt an? <> Fühle dich immer weiter in dich hinein. <> Nun stelle dir bitte vor, wie du tief mit deinen Füßen mit dem Boden der Muttererde verwurzelt bist. <> Tiefer und tiefer wachsen deine Wurzeln bist in den Mittelpunkt der Muttererde. <> Jetzt stelle dir einen Seidenfaden vor, der von der Schädeldecke hoch in das Universum hineinwächst. <> Aus der Erde fließt jetzt ein rotes liebevolles Licht Christus in deinen Körper hinein. <> Aus dem Universum fließt jetzt ein liebevolles weißes Licht Christus durch deinen Kopf in den Körper hinein. <> Die Lichter vermischen sich in deinem ganzen Körper. <> Nun wende deine Aufmerksamkeit auf dein Herz und deinen ganzem Körper. <> Wie fühlt es sich jetzt an? <> In deinem ganzen Körper entsteht jetzt ein Gefühl von Frieden und Freiheit von allen Leiden. <> Bitte nun dein Herz sich zu öffnen. <> Jetzt kann das rosafarbene Licht Christus aus deinem Herzen fließen. <> Unaufhörlich fließt das göttliche Licht Christus als die Liebe Christus durch deinen ganzen Körper auf die Blumenwiese. <> Bitte nun dein Herz alles abzugeben, was dich jetzt bedrückt. <> Alles was du jetzt abgibst, löst sich in deinem Herzen auf und befreit dich für immer von einer großen Last.

<> Dein Herz sowie dein ganzer Körper fühlen sich immer leichter an. <> Du fühlst dich wohl und angenehm warm. <> In dir entsteht ein Gefühl von Frieden und Harmonie. <> Langsam verlassen alle Blockaden deinen Körper. <> Ist das nicht ein unaussprechlicher Augenblick? <> Nun komme wieder langsam bei dir an und du befindest dich wieder auf der Wiese wieder. <> Die Schönheit der Blumen nimmst du erst jetzt richtig war. <> Der Duft der Blumen ist jetzt intensiver wie je zu vor. <> Dein Körper erstrahlt in einem ganz anderen Licht Christus. <> Diese Landschaft ist in dir. Dort kannst du immer in aller Stille zurückkehren, wenn du es auch möchtest.

Traumreise 15

Dauer ca. 10 – 15 min

Der Tanz mit dem Licht des Himmels (Nordlicht)

Du befindest dich in Gedanken auf einen Plateau in den Bergen am Nordkap wieder. <> Um dich herum ist eine große Gebirgslandschaft. <> Das Gras unter deinen Füßen fühlt sich weich und angenehm warm an. <> Der leichte Sommerwind streichelt zärtlich deine Haut. <> Die Luft riecht nach Salz und Meer. <> Das Sonnenlicht lässt die Kristalle funkeln wie kleine Sternchen. <> Der Himmel ist aus zartem Blau mit unzähligen kleinen Wolken. <> Möchtest du vielleicht auch einmal so sorglos deine Bahn im Lebenshimmel ziehen? <> Du spürst jetzt einen tiefen Frieden und Freude in dir. <> Du siehst jetzt einen Stein auf den du dich jetzt setzen kannst. <> Setze dich jetzt auf diesen Stein und komme allmählich zur inneren Ruhe. <> Langsam zieht die liebe Sonne ihre Bahn, bis sie am Horizont langsam untergeht. <> Auf einmal beginnt das Licht Christus in allen Farben des Regenbogens zu leuchten. <> Es ist das himmlische Licht Christus, das wir als das Nordlicht nennen. <> Es tanzt am Himmel einen wunderwaren himmlischen Tanz. <> In dir entsteht ein wunderbares Gefühl von Liebe und Wärme. <> Möchtest du vielleicht da oben am Himmel mittanzen und alles loslassen was dich jetzt bedrückt? <> Wünsche es dir einfach und bitte es darum. <> Auf einmal sinkt das Nordlicht auf dich herab. <> Es hüllt deinen ganzen Körper langsam und behutsam in sein Licht Christus ein. <> Dein Körper wird von dem Licht Christus durchströmt. <> Er wird nimmer heller und leichter. <> Du fühlst dich schwerelos. <> Nun beginnst du immer mehr von innen zu leuchten. <> Alle deine Sorgen sowie Ängste kannst du an das Licht Christus jetzt abgeben. <> Mit jeder Sorge, Angst und jedem Leiden, das du jetzt an das Licht Christus abgibst, wirst du freier und auch leichter. <> In dir entsteht ein Gefühl der Leichtigkeit und Schwerelosigkeit. <> Dein Körper fängt jetzt an mit dem Nordlicht in den Himmel aufzusteigen. <> Höher und immer höher in den Himmel hinauf. <> Du schaust ohne Angst auf das Plateau. <> Du siehst den Stein auf den du gerade gesessen hast. <> Alle deine Ängste und Sorgen sind auf einmal verschwunden. <> Ist das nicht ein wunderbares Gefühl von so viel von der Liebe Christus erfüllt zu sein? <> Das Licht Christus beginnt jetzt mit seinem himmlischen Tanz der ewigen Liebe Christus. <> Ihr tanzt schwerelos durch den Himmel in der sternenklaren Nacht. <> Die Sterne sind zum Greifen nah. <> Auch sie verströmen ein liebesvolles Licht Christus sowie seiner bedingungslosen Liebe Christus. <> Der Mond zieht behutsam seine Bahn um die Muttererde. <> Die Erde zeigt sich dir in ihrem schönsten Kleid. <> Das Meer unter dir spiegelt das Licht Christus auf seiner Oberfläche. <> Du siehst, wie dein Körper alle Farben des Regenbogens aus dir leuchten. <> Es fühlt sich leicht und warm an, als ob dir Flügel gewachsen wären. <> In dir entsteht eine unglaubliche Kraft als Urkraft Christus und eine friedvolle Leichtigkeit. <> Langsam sinkst du mit dem Licht Christus auf die Erde nieder. <> Nun bist du wieder auf dem Plateau sicher angekommen. <> Bedanke dich jetzt bei dem Licht Christus für dieses wundervolles Erlebnis. <> Du bekommst neuen Mut und Tatendrang. <> Der Frieden ist in dir jetzt eingekehrt. <> Du bist in diesem Moment von allen Sorgen sowie Ängsten vollkommen befreit. <> Immer wenn dich jemand bedrängt oder innerlich aus deinem Frieden reißen will, kannst du dich an diesen einmaligen Augenblick erinnern und dieses Gefühl wieder in dir spüren. <> Es ist immer in dir. <> Gott Christus, unser himmlischer liebender Vater, möchte du immer glücklich und zufrieden bist. <> Dieser Friede ist ein durch seine Gnade ein unbeschreibliches Geschenk an dich. <> Du kannst ihn um alles bitten und auch vom ganzen Herzen danken. <> Möchte dein Herz voller Freude fast platzen und die ganze Welt umarmen? <> Alles erscheint dir viel heller und freundlicher. <> Du bist in der Liebe Christus geboren und aus ihr alles in deinem weiteren Leben zu leben bringen. <> Denke immer daran, dass du ein geliebtes Kind Gottes Christus bist.

Traumreise 16

Dauer ca. 10 – 15 min

Dein liebendes und freies Herz

Du befindest dich in Gedanken auf einer Blumenwiese wieder. <> Die Blumen leuchten in allen Farben des Regenbogens. <> Der Mohn blüht in einen schönen Rot. <> Die Wiesenkräuter wachsen voller Freude dem Himmel entgegen. <> Ihr lieblicher Duft verströmt sich auf der ganzen Wiese. <> In dir entsteht ein Gefühl von Liebe und Harmonie. <> Der Himmel über dir ist himmelblau. <> Kleine Wolken ziehen am Himmel ihre Bahnen. <> Die Sonne erstrahlt in voller Schönheit und wärmt angenehm deine Haut. <> Nun komme etwas zur Ruhe. <> Fühle jetzt in dich hinein. <> Wie fühlt sich dein Körper jetzt an? <> Fühle dich immer weiter in dich hinein. <> Tiefer und tiefer sinkst du in dich hinein. <> Nun stelle dir bitte vor, wie du tief mit deinen Füßen mit dem Boden der Muttererde verwurzelt bist. <> Tiefer und tiefer wachsen deine Wurzeln bist in den Mittelpunkt der Muttererde. <> Jetzt stelle dir einen Seidenfaden vor, der von der Schädeldecke hoch in das Universum hineinwächst. <> Aus der Erde fließt jetzt ein rotes liebevolles Licht Christus in deinen Körper hinein. <> Aus dem Universum fließt jetzt ein liebevolles weißes Licht Christus durch deinen Kopf in den Körper hinein. <> Die Lichter vermischen sich in deinem ganzen Körper. <> Nun wende deine Aufmerksamkeit auf dein Herz und deinen ganzem Körper. <> Wie fühlt es sich jetzt an? <> In deinem ganzen Körper entsteht jetzt ein Gefühl von Frieden und Freiheit von allen Leiden. <> Bitte nun dein Herz sich zu öffnen. <> Jetzt kann das rosafarbene Licht Christus aus deinem Herzen fließen. <> Unaufhörlich fließt das göttliche Licht Christus als die Liebe Christus durch deinen ganzen Körper auf die Blumenwiese. <> Bitte nun dein Herz alles abzugeben, was dich jetzt bedrückt. <> Alles was du jetzt abgibst, löst sich in deinem Herzen auf und befreit dich für immer von einer großen Last. <> Dein Herz sowie dein ganzer Körper fühlen sich immer leichter an. <> Du fühlst dich wohl und angenehm warm. <> In dir entsteht ein Gefühl von Frieden und Harmonie. <> Langsam verlassen alle Blockaden deinen Körper. <> Ist das nicht ein unaussprechlicher Augenblick? <> Nun komme wieder langsam bei dir an und du befindest dich wieder auf der Wiese wieder. <> Die Schönheit der Blumen nimmst du erst jetzt richtig war. <> Der Duft der Blumen ist jetzt intensiver wie je zu vor. <> Dein Körper erstrahlt in einem ganz anderen Licht Christus. <> Diese Landschaft ist in dir. Dort kannst du immer in aller Stille zurückkehren, wenn du es auch möchtest.

Traumreise 17

Dauer ca. 10 – 15 min

Die göttliche Lichtdusche

Du befindest dich in Gedanken auf einer Insel in der Südsee. <> Auf ihr ist ein großer Berg. <> Die Insel ist mit vielen trophischen Bäumen und Palmen bewachsen. <> Du hörst die Laute der Tiere. <> Der Himmel ist in einem zarten Blau gefärbt. <> Das Meer ist türkis und die Wellen schlagen an den Strand. <> Vor dir siehst du einen schmalen Weg vor dir. <> Gehe jetzt den Weg entlang. <> Dort am Wegesrand wachsen viele trophische Blumen. <> Ist das nicht schön wie sie zart und lieblich duften? <> Die Luft ist warm und streichelt zärtlich deine Haut. <> Die Luft ist warm und streichelt zärtlich deine sanfte Haut. <> In dir entsteht ein wohliges Gefühl von Frieden und Harmonie. <> Die Sonne wärmt deine Haut. <> Vor dir siehst du jetzt den Berg. <> Die Bergkuppe ist in einer Wolke eingehüllt. <> Du gehst immer weiter den Weg entlang. <> Immer höher und höher schlängelt sich der schmale Weg hinauf zur Bergkuppe. <> Nun bist du schon oben angekommen und kannst die schöne Aussicht voll und ganz genießen. <> Von dort aus hast du einen schönen Überblick über die ganze Insel. <> Unten in der Bergmitte ist ein großer See. <> Auf der Oberfläche spiegelt sich der Himmel mit seinen weißen Wolken. <> Das Berginnere ist mit vielen Bäumen und Blumen bewachsen. <> Die Vögel zwitschern dir ein schönes Lied. <> Du spürst den Frieden und die Harmonie in deinem Inneren und bist völlig entspannt. <> Du wirst von einer angenehmen Kraft durchströmt. <> Wenn du an dem See angekommen bist, dann entkleide dich und gehe in das Wasser schwimmen. <> Es ist völlig klar und schön warm. <> Ist das nicht ein atemberaubender Augenblick? <> Das Wasser umschließt deinen ganzen Körper. <> Du spürst keine Angst mehr und das Wasser trägt

46

dich. Es fühlt sich an, ob du mit dem Wasser verschmolzen bist. <> Schwimme nun langsam zu den Wasserfall. <> Um den Wasserfall siehst du einen großen Regenbogen. <> Die Farben leuchten mit großer Strahlkraft. <> Nun nehme einen Schwamm und reinige deine ganzen physischen Körper von allen Sorgen und Blockaden. <> Bitte deinen Körper liebevoll darum, dass er von allen Blockaden loslässt. <> Bitte nun dein Herz darum, dass es von allem loslässt, was dich jetzt bedrückt. <> Jetzt bitte deine Seele von allen Verunreinigungen loszulassen und sich mit dem göttlichen Licht Christus zu verbinden. <> Nun kann sie ihr schönstes Kleid des Regenbogens weben. <> Alle deine Sorgen und Nöte, die dich bedrücken, kannst du jetzt loslassen und an das Licht Christus abgeben. <> Genieße diesen einmaligen Augenblick des Friedens und der Harmonie. <> Bedanke dich bei allen deinen Körpern, deinem Herzen und deiner Seele dafür, dass sie von allem losgelassen haben, was dich so die letzte Zeit bedrückt hat. <> Genieße diesen einmaligen Augenblick des Friedens und der Harmonie. <> Schwimme nun wieder an Land und ziehe dich wieder an. <> Der Berg, die Tiere sowie die Pflanzen erscheinen dir viel heller. <> Sie verströmen Harmonie und die bedingungslose Liebe Christus. <> Ihre Schönheit lässt einen tiefen inneren Frieden in dir entstehen. <> Du verspürst jetzt eine tiefe Verbundenheit mit der Erde, dem Himmel und allen Lebewesen. <> Die Liebe der Muttererde und des Vaters Gott Christus sowie das Licht Christus von seinen Sohn Jesus Christus nähren jetzt dein ganzes Sein. <> Du bekommst neuen Mut und Tatendrang. <> Der Frieden ist in dir eingekehrt. <> Immer wenn dich jemand bedrängt oder innerlich aus deinem Frieden reißen will, kannst du an dieses schöne Erlebnis erinnern und dieses Gefühl wieder in dir spüren. <> Es ist immer in dir. <> Gott Christus, unser liebender Vater möchte, dass du immer glücklich und zufrieden bist. <> Dieser Friede ist ein großartiges Geschenk an dich. <> Du kannst ihn um alles bitten und danken. <> Wenn du jetzt möchtest, dann danke ihm für dieses wunderbare Geschenk seiner Gnade des Friedens nur für dich. <> Möchte dein Herz nicht vor seliger Freude fast zerspringen? <> Glücklich und zufrieden trittst du jetzt den Heimweg an und der Strand ist bald erreicht. <> <> Du bist in Liebe geboren und wirst alles auch in der Liebe erleben können. <> Denke daran, dass du ein unschuldiges Kind Gottes Christus bist.

Traumreise 18

Dauer ca. 10 – 15 min

Im Tempel in deinem Herzen

Bitte komme ein wenig zur Ruhe und nehme dir Zeit in dich hinein zu spüren. <> Wie fühlt sich dein Körper jetzt an? <> Spüre immer weiter in dich hinein. <> Allmählich kommst du immer weiter zur inneren Ruhe. <> Nun spüre in dein Herz hinein. <> Wie fühlt es sich jetzt an? <> Wie sieht es in deinem Herzen jetzt aus? <> Es ist ganz wichtig, dass du dir bewusst machst, dass das göttliche Licht Christus immer in deinem Herzen leuchtet. <> Es ist nur durch deine Erlebnisse nur versteckt! <> Schaue dich in deinem Herzen genau um. <> Vielleicht kannst du es ja in deinem Herzen entdecken. <> Vor dir siehst du eine kleine goldene Schale. <> In der Schale ist ein Schwamm. <> Bitte nehme diesen Schwamm jetzt aus der Schale und reinige die Wände deines Herzens. <> Immer weiter die Wände deines Herzen mit dem Schwamm abwaschen. <> Alles, was du da abwäscht, löst sich durch die Liebe Christus auf. <> Ganz allmählich kommt das Licht Christus zum Vorschein. <> Dein Herz fängt an zu leuchten. <> Dadurch wird es immer heller. <> Wasche alles ab von den Wänden deines Herzens. <> Alles, was du jetzt abgewaschen hast, kommt nicht wieder. <> Dein Herz beginnt von innen zu leuchten. <> Das Licht Christus wird immer heller und heller. <> Es erfüllt jetzt dein ganzes Sein. <> Dein Körper beginnt zu leuchten. <> Er verschmilzt mit dem göttlichen Licht Christus. <> Hier kannst du alle deine Sorgen und Ängste an das Licht Christus abgeben. <> Überlege was dich im Moment so bedrückt? <> Wer hat dich vielleicht verletzt oder belogen? <> Hat dich jemand ausgenutzt? <> Nutze diese einmalige Gelegenheit, alles an das Licht Christus abzugeben. <> Vergebe dir und den anderen Menschen eure Schuld, damit der Friede sowie Freude in deinem Leben wieder eintreten können. <> Bitte jetzt das Licht Christus mit seiner Liebe Christus alles aufzulösen. <> Dieses Licht Christus reinigt dein ganzes Sein auf allen deinen Ebenen. <> Alles wird jetzt in deinem Körper gereinigt. <> Alles was du jetzt abgibst, löst sich in deinem Herzen auf und befreit dich für immer von einer großen Last. <> Dein Herz sowie dein ganzer Körper fühlen sich immer leichter an. <> Du fühlst dich wohl und angenehm warm. <> In dir entsteht ein Gefühl von Frieden und Harmonie. <> Langsam verlassen alle Blockaden deinen Körper. <> Ist das nicht ein unaussprechlicher Augenblick? <> Nun komme wieder langsam bei dir an. <> Dein Körper erstrahlt in einem ganz anderen Licht Christus. <> Diese Landschaft ist in dir. Dort kannst du immer in aller Stille zurückkehren, wenn du es auch möchtest. <> Du bekommst neuen Mut und Tatendrang. <> Der Frieden ist in dir eingekehrt. <> Immer wenn dich jemand bedrängt oder innerlich aus deinem Frieden reißen will, kannst du an dieses schöne Erlebnis erinnern und dieses Gefühl wieder in dir spüren. <> Es ist immer in dir. <> Gott Christus, unser liebender Vater möchte, dass du immer glücklich und zufrieden bist. <> Dieser Friede ist ein großartiges Geschenk an dich. <> Du kannst ihn um alles bitten und danken. <> Wenn du jetzt möchtest, dann danke ihm für dieses wunderbare Geschenk seiner Gnade des Friedens nur für dich. <> Möchte dein Herz nicht vor seliger Freude fast zerspringen?

Traumreise 19

Dauer ca. 10 – 15 min

Meditation des Herzens I

Setze dich an einen ruhigen Platz und fühle in deinen Körper hinein. Nun wende deine gefühlte Aufmerksamkeit auf dein Herz. Mache dir nun folgendes bewusst:

In meinem Herzen suche ich „Leben";
In meinem Herzen suche ich „Freude";
In meinem Herzen suche ich „Sorglosigkeit";
In meinem Herzen suche ich „Geborgenheit";
In meinem Herzen suche ich „Frieden";
In meinem Herzen suche ich „Liebe";
In meinem Herzen suche ich „Die Quelle";
In meinem Herzen suche ich „Gott Christus".

In meinem Herzen finde ich „Leben";
In meinem Herzen finde ich „Freude";
In meinem Herzen finde ich „Sorglosigkeit";
In meinem Herzen finde ich „Geborgenheit";
In meinem Herzen finde ich „Frieden";
In meinem Herzen finde ich „Liebe";
In meinem Herzen finde ich „Die Quelle";
In meinem Herzen finde ich „Gott Christus".

In meinem Herzen spüre ich „Leben";

In meinem Herzen spüre ich „Freude";

In meinem Herzen spüre ich „Sorglosigkeit";

In meinem Herzen spüre ich „Geborgenheit";

In meinem Herzen spüre ich „Frieden";

In meinem Herzen spüre ich „Liebe";

In meinem Herzen spüre ich „Die Quelle";

In meinem Herzen spüre ich „Gott Christus".

Dein Herz ist die Quelle eines glücklichen Lebens. Lasse diese Leitsätze auf dich wirken. Versuche nichts zu bewerten und fühle einfach in dich hinein. Du kannst alle Leitzätze nacheinander oder nur einen Block nach deiner Wahl als Gebet in deinem Herzen sprechen.

Traumreise 20

Dauer ca. 10 – 15 min

Meditation des Herzens II

Setze dich an einen ruhigen Platz und fühle in deinen Körper hinein. Nun wende deine gefühlte Aufmerksamkeit auf dein Herz. Mache dir nun folgendes bewusst:

Ich bin, was ich erlebe;

Ich erlebe, was ich denke;

Ich denke, was ich fühle;

Ich fühle, was ich glaube;

Ich glaube, was ich will;

Ich will, was ich liebe.

Dein Herz ist die Quelle eines glücklichen Lebens. Lasse diese Leitsätze auf dich wirken. Versuche nichts zu bewerten und fühle einfach in dich hinein. Du kannst alle Leitzätze nacheinander oder nur einen Block nach deiner Wahl als Gebet in deinem Herzen sprechen.

Traumreise 21

Dauer ca. 10 – 15 min

Der Schutz des goldenen Lichtes Gottes Christus

Du sitzt auf einem Stuhl und schließt deine Augen. <> Du atmest durch die Nase mehrmals tief ein und aus. <> Dein Bewusstsein kommt vollständig zur Ruhe. <> Nun stelle dir vor, wie aus deinem Wurzelchakra (unten am Damm deines Körpers) eine Wurzel tiefer und tiefer bis zum Innenkern der Muttererde das ihr Herz ist, wächst. <> Du spürst die neue Verbindung und ziehst rötliches Licht Christus der Erde mit drei tiefen Atemzügen in dein Wurzelchakra. <> 1-mal <> 2-mal <> 3-mal <> tief einatmen und ausatmen. <> Nun wende deine Aufmerksamkeit auf deinen rechten Fuß. <> Aus der Fußsohle wächst eine tiefe Wurzel in die Erde hinein. <> Jetzt saugst du rotes Licht Christus in dein rechtes Bein ein. <> Beim ersten tiefen Atemzug kommt es Knöchel und in der Wade an. <> Beim zweiten Atemzug ist es im Knie und im Oberschenkel. <> Beim dritten Atemzug fließt es durch deinen Bauch ins Wurzelchakra. <> Jetzt wende deine Aufmerksamkeit auf den linken Fuß. <> Beim ersten tiefen Atemzug kommt es Knöchel und in der Wade an. <> Beim zweiten Atemzug ist es im Knie und im Oberschenkel. <> Beim dritten Atemzug fließt es durch deinen Bauch ins Wurzelchakra. <> Bitte nun Gott Christus, das er weißes Licht Christus durch dein geöffnetes Kronenchakra am oberen Scheitelpunkt in dein Körper hineinströmt. <> Es fließt in den ganzen Körper. <> Nun vermische das rote und weiße Licht Christus in deinem Körper. <> Nun verteilst du das rosa Licht Christus in beiden Armen, den Beinen und im Brustkorb. <> Nun stelle dir vor, wie das rasa Licht Christus aus deinem Herzen ausströmt und deinen ganzen Körper beschützt. <> Wenn du möchtest, dann kannst du es mit deinen Händen am ganzen Körper verteilen. <> Nun ist dein Körper für 24 Stunden gegen negative Einflüsse beschützt. <>Danke jetzt dem Gott Christus dafür, das er dich so beschützt.

Ausleitung Traumreisen

Es ist Zeit wieder den Heimweg anzutreten. <> Das Erlebte und deine Freude nimmst du mit dir. <> Du löst dich aus deiner Entspannung, öffnest ganz langsam deine Augen, ohne sie zu fokussieren. <> Recke und strecke dich ein wenig und komme wieder bei dir an. <> Du fühlst dich wohl und erfrischt. <> Jetzt kannst du noch einige Zeit auf deiner Matte liegen bleiben und in dich hineinspüren und diesen Moment voller Glückseligkeit genießen.

Schlusswort

Ich hoffe, dass Ihnen die Traumreisen gefallen haben und Sie diese regelmäßig nutzen. Sie werden mit der Zeit merken, dass Sie sich langsam, aber stetig zum positiven verändern. Viele Situationen, Blockaden und Ängste dürfen in der Stille verarbeiten sowie in Ihrem Tempo heilen lassen. Im Schweigen sowie im Gebet liegt der Anfang zum inneren Frieden. Ich empfehle Ihnen aus eigener Erfahrung, dass Sie es an sich geschehen lassen und darauf vertrauen, dass Sie als göttliche Seele durch die himmlischen Begleiter als Schutzengel beschützt sind. Es wird nur so viel ans Tageslicht kommen, wie Sie auch verarbeiten können. Eine Überforderung findet nicht statt. Bitte versuchen Sie nichts zu wollen und einfach alles in sich geschehen lassen. Das muss nicht sein, denn die Traumreisen habe ich geschrieben, damit Sie zum himmlischen Vater Gott Christus und seinem Sohn Jesus Christus zurück finden, um an deren überfließende Liebe Christus für immer Teilhabe zu haben. Wagen Sie ruhig den inneren Weg ihres Herzens, denn Sie werden es niemals bereuen! Wenn ich persönlich meinen inneren Weg in meinem Herzen nicht gegangen würde, könnte ich Ihnen nicht jetzt als Priester der Liebe und Heiler der Herzen wunderbare Heilungen geben. Dieser Friede ist so kostbar, und wenn Sie dieses nur einmal kurz gespürt haben, dann möchten Sie dieses herrliche Gefühl in Ihrem restlichen Leben haben. Ich wünsche Ihnen von ganzem Herzen, dass Sie diesen inneren Frieden für immer erleben.

In Liebe Matthias Jäger

Anhang

Priester der Liebe und Heiler der Herzen Matthias Jäger

Telefon: +49 (0) 5722-8904234

Mobil: +49 (0)163-9707754

Homepage: www.heiler-der-herzen.de

Email: info@heiler-der-herzen.de

Printed by Books on Demand GmbH, Norderstedt / Germany